Il suffira

d'un signe...

Du même auteur aux éditions de l'Homme vrai :

Tout ce qui passe près de moi me parle Tome I

Le couple : 1 + 1 = Dieu

L'Homme est un dieu… Déguisé en âne

De la vision de l'âne… À la vision divine

Du même auteur aux éditions Mols :

Ce qui est caché aux sages et aux intelligents

À paraître aux éditions de l'Homme vrai :

Tout ce qui passe près de moi me parle Tome II

L'enfant, l'apprentissage du je(u)

Le secret du dernier sage

De Thierry Salmeron

De Gilles Bojan aux éditions de l'Homme vrai

Le but ultime

Thierry SALMERON

Il suffira d'un signe...

Ces signes qui nous guident

ISBN : 978-2-916423-10-4

La Réunion, 2010

Email : hommevrai@gmail.com

Table des matières

Votre mode de fonctionnement dans la vie n'est pas commun, pouvez-vous nous le résumer en quelques mots ?

C'est commun. On l'a oublié. Les gens, inconsciemment fonctionnent comme cela. Quand ils en prennent conscience, c'est mieux. Pour moi, le quotidien est une enquête. Et il y a tellement d'énigmes qu'une vie n'y suffit pas.

J'en reviendrai donc inlassablement au pourquoi de notre venue sur terre. Quel est le but de notre vie terrestre ? Je comparerai cela aux premiers navigateurs à qui l'on avait certifié que la terre était plate. On leur avait dit qu'après l'horizon, ils tomberaient ! Ceux qui prétendaient que la terre était ronde étaient des fous !

Des navigateurs aventuriers sont allés voir… Pour s'apercevoir que c'était l'esprit humain qui était limité. Au départ, était-ce une aventure ou un suicide ?

Inconsciemment, les gens vont se reconnaître. Certains pensent encore que notre venue sur terre se résume à la naissance, une vie plus ou moins longue dans une maison et la mort. Si tout va mal, c'est la faute à pas de chance et si tout va bien, c'est grâce à Dieu. En parlant de ce dernier, ça n'étonne personne que son représentant en soit resté à des principes et des habits moyenâgeux en nous demandant d'être un peu sérieux…

Ou bien, on se dit que nous sommes dans un jeu. Nous sommes, à l'origine, des êtres parfaits, incarnés dans ce corps qui est notre véhicule terrestre. Ce corps nous permet d'expérimenter via le sensoriel.

La vie devient un parcours initiatique, un cheminement. Dès le début, il y a des règles. Il y a une phase d'apprentissage (lire, compter, apprendre les règles de société…) du jeu de la vie.

C'est, en même temps, un apprentissage permanent qui est le but de la vie. Expérimenter, intégrer. Pour ce faire, il y a des pièces de puzzle, des signes, le bon sens.

Qu'est-ce qu'un signe ?

Tout d'abord, nous devons revenir sur des principes capitaux : la vigilance et la conscience. C'est très bien expliqué dans un de mes précédents ouvrages : *Ce qui est caché aux sages et aux intelligents*, je vais faire un rapide rappel, forcément incomplet mais nécessaire.

Dès la naissance, nous sommes parés pour vivre consciemment. En effet, nous avons nos cinq sens. C'est l'intérêt que nous portons à ce qui passe à notre portée que l'on nomme la vigilance. Vous ne pouvez tout voir et tout entendre, aussi, cela ne concerne que ce qui tranche par rapport à la normale : une parole plus forte, plus limpide, un bruit, une contradiction, une situation incongrue, etc. Bref, quelque chose qui peut avoir le mérite de retenir votre attention.

La vigilance est neutre. Le cerveau collecte, c'est tout. Pour collecter, il n'y a pas d'effort à fournir, il faut juste avoir pris conscience du sujet de notre vigilance. Un verre qui tombe devant vous et se brise n'est pas anodin. Je suis vigilant, je le vois et l'entend. Je le mets en lumière, c'est-à-dire que je ne le considère pas comme anodin, je viens d'en prendre conscience. De là, automatiquement, mon cerveau stocke l'information.

Aucune fatigue sauf si vous ne perdez pas l'habitude d'analyser tout ce que vous voyez. C'est l'intellectualisation qui vous pompe toute votre énergie.

Pour en revenir aux signes donc, tout le monde pense qu'un signe est un message inscrit en lettres de feu dans le ciel : *Va par là*. Ou bien des flèches lumineuses : *Ton âme sœur se trouve ici*. Non.

Rien à voir non plus avec la synchronicité qui reste quelque chose de très grossier et qui ne représente qu'une infime partie du jeu de la vie.

Il y a plusieurs types de signes. Un signe *réveil*, c'est, par exemple, une sonnerie incongrue pour nous réveiller : *Observe ! Sois vigilant ! Quelque chose va arriver qui va te servir !*

Ce peut être un *signe d'alarme* : un feu rouge incongru, un cri : *Stop !* Qui ne vous est aucunement adressé mais heureusement que vous

vous êtes arrêté ! Voyez que ceux-ci peuvent être aussi des signes *réveil*, ce sont les circonstances qui le décident.

Ce peut être des *signes directs* pour celui qui est allé trop loin dans l'inconscience, dans la non-vigilance.

La vie est une amie et elle nous enseigne. Il faut juste de l'attention. C'est facile et certainement pas fatigant. Il faut juste se demander pourquoi quelqu'un crie « *Stop !* » à quelques centimètres de vos oreilles. Ces signes sont des signes garde-fous ou garde-barrières.

Doit-on interpréter ce que l'on voit ou entend ?

Surtout pas. Il y a juste à observer. Et pourtant, tout le monde interprète. Toute la journée, nous sommes dans l'erreur. Car tout ce que nous voyons, nous l'interprétons.

La semaine dernière, un ami s'est fait arrêter par la police pour un contrôle de papiers. Il s'exécute et peut rapidement repartir. Aussitôt, sa passagère assène : « À mon avis, ils doivent chercher quelque chose ou quelqu'un de plus important, de la drogue ou un criminel ».

Cela peut vous paraître anodin mais pourtant, il faut s'arrêter sur ce fait. Cette affirmation est sans fondement. Elle n'est basée sur rien. Et nous en disons ou en pensons toute la journée !

Vous entrez dans un magasin et une personne portant un costume vous accueille. Aussitôt, vous décrétez que c'est le patron. En fait, pas du tout.

Avant-hier, j'entre dans un magasin, une jeune fille m'accueille. Quelque chose me gêne. Je lui demande : « Ça fait longtemps que vous travaillez ici » ? Elle me répond qu'elle est la fille de la patronne et qu'elle lui rend juste service aujourd'hui mais qu'en fait elle est étudiante vétérinaire…

Beaucoup de choses que nous croyons vraies sont fausses et inversement. Attention aux interprétations, réflexes ou pas. Car nous sommes dans le faux toute la journée, toute la semaine, tout au long de l'année puis, finalement, toute une vie.

Pour éviter les erreurs : collecter les signes et les informations de façon neutre.

Qu'est-ce que le bon sens ?

Le bon sens ne sait pas la finalité des choses. Il ne peut même pas l'envisager car il peut être pris à contre-pied par la vie. La vie, elle, nous guide par signes puisque c'est elle qui nous a créé et qu'elle connaît la suite de notre histoire. Le bon sens, lui, se base sur des faits logiques mais reste aveugle quant à la finalité.

Alors, le bon sens, oui, bien sûr, mais il reste subordonné à la guidance de la vie.

La guidance, ce n'est pas des directions qui sont montrées tous les jours, chaque seconde.

C'est surtout la collecte désintéressée de ce qui se passe sous nos yeux qui sort de l'ordinaire, qui sort des habitudes du quotidien.

C'est vivre consciemment. Vivre consciemment, c'est comme, par exemple, aller en cours, à l'école. Il faut entrer en cours. Durant les cours, il faut de l'attention, de la vigilance et… De la participation. Pas de participation = endormissement, on se laisse bercer.

La vigilance demande la participation sinon tu t'endors. Tu poses des questions à ton professeur (la vie) et ça t'emmène vers la solution, la finalité du cours. Tu vas donc t'instruire, progresser.

Lors de l'interrogation (expérience proposée par la vie), tu es *easy*. Dans la vie, comme aux cours, tu reçois des réponses, un enseignement.

Qu'appelez-vous pièces de puzzle ?

Une pièce de puzzle est un élément qui sort du commun que l'on récolte quotidiennement. Tout ce qui sort du lot est une pièce de puzzle : mot, paroles, évènement… Ces pièces forment un puzzle, du plus petit au plus grand. Il y a un puzzle du jour pour une compréhension quotidienne qui s'emboite dans un puzzle de la semaine, du mois, de l'année, de la vie entière. Pour, au final, accomplir ce que nous sommes venus faire sur cette terre. Avec la satisfaction du devoir accompli, la quiétude de l'élève une fois ses devoirs accomplis.

Je collecte toute la journée des évènements qui sortent de l'ordinaire. Je les collecte dans la neutralité la plus totale. Pas d'interprétation. Ces pièces de puzzle se stockent toutes seules dans un emplacement bien particulier de mon cerveau. Faites confiance à votre cerveau, c'est un outil merveilleux, laissez-le travailler. À un moment donné, quand un puzzle s'est de lui-même composé (sans votre intervention volontaire), vous avez ce que l'on appelle *un flash de compréhension*.

C'est le fameux *Eurêka !* Une prise de conscience vient de jaillir dans votre cerveau. Une réponse à une question, un élément vous permettant d'avancer, la solution d'un problème, peu importe.

Ce qui est paradoxal, c'est que, au moment où vous avez eu cette prise de conscience sur tel ou tel sujet, vous ne pensiez pas du tout à ce sujet. Preuve que votre cerveau travaille très bien sans votre intervention.

Tout est donné à celui qui, dans la journée, est vigilant. Vous pouvez très bien trouver une solution en vous creusant la tête mais c'est beaucoup de fatigue. L'intellectualisation fatigue énormément, elle puise votre énergie à la vitesse de l'éclair. Pour arriver finalement à une réponse ou à une solution limitée parce qu'elle inclue nos peurs, nos limitations, etc. Tout ça parce que cela vient d'une réflexion volontaire de notre part. Une réflexion volontaire emporte tout avec elle, le bon comme le mauvais. Elle ne peut se départir de nos peurs, de nos croyances et de nos limitations.

Une prise de conscience, par contre, est quelque chose qui nous dépasse complètement. C'est LA réponse qui jaillit sans notre intervention suite à la collecte d'informations. Elle n'est en aucun cas prévisible. Cela demande de la vigilance quotidienne et une bonne dose de confiance en la vie, en notre cerveau qui travaille pour nous sans notre contrôle.

La vigilance n'est pas liée à la fatigue. Même si vous êtes fatigué physiquement, vous pouvez collecter les pièces de puzzle qui passent à proximité de vous. Vous n'en serez pas plus fatigué.

La logique vivante qui ressortira de ces prises de conscience sauvages, ces *Eurêka*, dépasse largement l'intellect.

Est-ce qu'une prise de conscience annonce qu'un puzzle est constitué ?

Tout à fait. Une prise de conscience, un *Eurêka* est le signe que la dernière pièce a été collectée et qu'elle s'est elle-même disposée dans le puzzle.

Mais, nous pouvons avoir des prises de conscience sans collecter des pièces de puzzle ?

Deux choses. La première, c'est que, bien souvent, ce qu'une personne non vigilante appelle *prise de conscience* n'est juste qu'une fatigante intellectualisation d'un état de fait. C'est laborieux et le résultat est très limité.

La deuxième chose, c'est qu'effectivement, une personne non vigilante peut avoir une prise de conscience. Elle aura collecté, dans l'inconscience la plus totale, des pièces de puzzle qui déboucheront sur une prise de conscience.

Il vaut mieux collecter les pièces de puzzle consciemment. Parce que pendant qu'une personne non vigilante a *une* prise de conscience, la personne vigilante en a eu *cent*.

De cette prise de conscience découle une expérience. En effet, pour que quelque chose s'imprime en nous, il faut le vivre. Aussi, la vie met en place une expérimentation juste après la prise de conscience. Vous la vivez, c'est inscrit en vous.

Comment faites-vous un choix ?

Pour les choix ordinaires (Est-ce que je mange une pomme ou une poire ?), c'est le libre-arbitre sauf s'il y a une logique de saison, de disponibilité, d'économie. C'est selon l'envie ou les obligations du moment.

Lors de choix professionnels, les gens attendent le dernier moment, font un choix à la va vite et sont déçus. Le seul regret que vous pourriez avoir est de ne pas vous engager dans un choix. Il n'y a pas de bon ou mauvais choix. Une personne qui quitte une excellente situation professionnelle pour tenter une autre aventure professionnelle qui ne rapporte pas autant, loin s'en faut, n'a pas fait le mauvais choix. Elle s'épanouit dans ce qu'elle fait et sa situation financière ne va pas rester basse. Elle est en semailles, en étant humble, en laissant le temps, il est faux de dire qu'elle a fait le mauvais choix.

Prenons la métaphore d'Adam et Eve. Belle histoire pour les enfants. Je ne suis pas croyant mais je peux me servir du support de certaines croyances. Dieu (la vie) chasse Adam et Eve du paradis car ils ont touché à l'arbre de la connaissance du bien et du mal. Maintenant, ils ont le choix. Avant cela, ils étaient guidés par la vie via leurs sens. Ils ne manquaient de rien. Par prétention, ils ont voulu prendre la place de la vie.

Avant, ils collectaient les informations qui se stockaient dans leur cerveau, les bonnes directions jaillissaient comme des évidences. Maintenant, ils devront faire un choix au risque de se tromper : ils connaissent la souffrance.

Comme ils ont la prétention de prendre la place de la vie elle-même, celle-ci les chasse avant qu'ils ne s'attaquent à l'arbre de vie.

Mais si la vie choisit à notre place, cela ne veut pas dire que cela va être plus facile.

Pourquoi ?

Parce que la finalité est de combler nos lacunes. Renforcer nos points faibles. Équilibrer nos forces. La vie nous propose des expériences à dépasser, ce sont des travaux très dirigés.

Dirigés vers nos manquements. Pour nous préparer. Nous préparer à arpenter notre chemin. Les zones de faiblesse ont été renforcées.

J'ai un ami qui avait un gros problème avec l'autorité. Plutôt une sorte de panique à la vue de l'uniforme d'un policier ou d'un gendarme. Il aurait fait la joie d'un psy qui serait remonté à l'enfance, l'adolescence, aurait travaillé sur la culpabilité, la confiance en soi, etc.

La vie s'est chargée de présenter à mon ami les expériences qui trancheront avec précision dans ce bagage incommode. Il les a accepté et s'est même retrouvé à travailler pour la police et habiter au milieu de gendarmes ! Pas facile dans un premier temps. Mais radical.

Il a économisé des heures passées dans le cabinet d'un psy. Il a choisi de faire confiance à la vie qui le connaît par cœur.

Dernièrement, lors d'un contrôle de police, il était complètement détendu et a discuté avec le représentant des forces de l'ordre comme avec n'importe quelle autre personne. Validé.

Ce qu'il est important de se rappeler c'est que la vie nous emmène dans une direction avec une vue globale car elle voit tout. Sur tous les plans. Si, par exemple, elle vous amène à expérimenter une chose à un endroit précis, c'est que cela aura une répercussion dans tous les domaines de la vie : sur vous, votre travail, votre vie de couple, vos enfants, etc.

Comment, avec notre vue des choses limitée, pourrions-nous avoir autant de précision chirurgicale dans nos choix ? Forcément, notre choix va être limitatif, tourné vers un plaisir précis qui va complètement occulter les divers domaines de notre vie. Quel être humain est capable en un choix d'instruire et d'élever tous les domaines de sa vie ? Ne cherchez pas et laissez faire la vie…

Mais si vous devez faire un choix immédiat et qu'il n'y a pas de signes immédiats, que faites-vous ?

Quel que soit le choix, je choisis. Rien de pire que l'immobilisme. Je choisis selon le bon sens s'il n'est pas opposé à la vie. Certains choisissent et font demi-tour, peu importe. Il a gagné celui qui a fait un choix.

Celui qui pense que, par l'immobilisme, n'a rien gagné, rien perdu a tort. Il a perdu en confiance, en assurance celui qui a fait un non-choix.

Ne jamais critiquer un choix. Critiquez plutôt le non-choix. Mais s'il y a eu collecte de pièces de puzzle, de signes auparavant, la finalité nous est donnée. Et elle est hors de portée de notre intellect.

Vous quittez, par exemple, votre travail de fonctionnaire pour ouvrir un commerce. Vous avez été attentif, vigilant et vous n'avez pas vu d'objection. Pourtant, vos affaires vont mal et, finalement, vous vous plantez.

Vos anciens amis fonctionnaires, bien sûr, vous tuent. « On te l'avait dit », « Pour qui tu te prends ? », « Tu aurais dû rester », « alors, elle est où ton *intelligence de vie* ? », etc.

Pourtant, vous avez gagné. L'acquisition de l'enseignement de la vie ne se mesure pas aux entreprises humaines réussies, à la réussite sociale ou autre.

Vous avez gagné une foule d'expériences, de la confiance en soi, à l'échec en passant par l'autonomie. C'est incalculable…

Y a t-il toujours des signes quand nous avons un choix à faire ?

Non. Il y a des évidences. Pas toujours de signes, par contre les pièces de puzzle continuent.

C'est la réalité qui dicte. Vous voulez monter un petit snack ou une grosse imprimerie, de quel argent ou aides disposez-vous ?

Vous tentez de passer votre permis moto, vous ratez le code trois fois. Ça ne marche pas. Pour le moment. N'insistons pas. Pas maintenant, peut-être plus tard, peut-être jamais.

L'argent, dans bien des cas, permet de ne pas respecter l'ordre des choses et d'outrepasser ces évidences.

On peut donc se permettre de prendre une direction sans que l'on ait vu de signes ?

Oui. Vous n'avez rien vu mais la vie vous a quand même renforcé. Vous ne l'avez pas vécu consciemment, c'est tout.

Qui juge le fait que j'ai bien suivi la vie ?

Il n'y a pas de jugement. Mais vous pouvez constater si vous avancez dans la vie ou pas. Et quand vous faites ce qu'il faut pour avancer alors vous avez gagné.

L'immobilisme : vous avez perdu. Comme un enfant qui n'irait pas à l'école. Il a perdu une année de connaissances. Il lui faudra rattraper ce retard.

C'est nous qui avons choisi de nous incarner. Nous avons choisi la date, l'heure, les conditions… Il faut jouer le jeu.

Si j'ai suivi la vie et que le résultat est catastrophique, qu'en déduire ?

La vie propose une expérience, pas une garantie de résultat. Un professeur propose un problème de mathématiques. L'élève aura une note de 0 à 20 ou bien il y aura acquisition ou non-acquisition. Le professeur ne peut certifier, à l'avance, le résultat à l'élève (même s'il le connaît, tout de même). Tout dépend de l'élève.

Ne pas faire l'expérience serait l'erreur.

La vie propose plusieurs fois la même expérience sous différentes formes. Vous avez été attentif et ça passe. Si vous vous ratez, il faut en tirer des conclusions.

Tout ça est là pour engranger de l'expérience. La même expérience qui se reproduit participe à l'acquisition. Elle se reproduit encore, c'est la validation.

Si l'expérience a des conséquences lourdes (grave traumatisme, décès…) c'est, le plus souvent, que l'expérience a été engagée il y a longtemps en amont et que rien n'a été vu, rien n'a été appris.

Même une expérience traumatisante, en fait, est neutre. Une personne la prendra comme un guet-apens, ce n'est qu'une interprétation humaine. Bien sûr, cela n'empêche nullement l'émotion d'être présente !

Si dans cette vie, vous devez vivre l'insécurité financière, vous allez la vivre. Il vaut mieux y aller consciemment. Sinon, vous allez dire « La vie m'en veut » quand vous allez vous retrouver en détresse financière.

Alors que si vous êtes conscient, vous allez très bien comprendre que l'on ne peut pas acquérir la confiance en la vie avec un compte en banque garni ! Ne riez pas, cette vérité enfantine échappe à la plupart des gens.

Maintenant, les personnes qui ne veulent pas de l'enseignement de la vie, qui veulent une vie tranquille ne veulent pas vivre ces expériences puisqu'elles n'ont aucun désir d'avancer dans cette vie. Elles mettront beaucoup de temps à réaliser qu'une vie qu'elles appellent *tranquille* ne l'est finalement pas puisque leur tête ne les laisse jamais tranquille. Partout où vous allez… Il y a vous !

C'est dommage pour ces personnes. La vie propose des expériences pour combler nos lacunes, nous renforcer et beaucoup les refusent pour se cacher de la vie qui veut les aider.

J'ai un ami qui, à la quarantaine, a voulu s'essayer aux jeux vidéo. Bonne initiative. Peu familier avec cet environnement, il s'est accroché. À un moment donné, son soldat, à l'écran, s'est retrouvé armé d'un simple pistolet mitrailleur face à un hélicoptère de combat et une armée de soldats. Il s'est acharné, a essayé des tas de combinaisons mais impossible de passer ce niveau. Il y a passé toute la nuit.

Au petit matin, il se rend compte qu'il a omis de visiter une pièce dans laquelle se trouve… Un lance-roquettes ! Le niveau est aussitôt passé.

Certains diront qu'il s'est trompé, qu'il a perdu son temps, etc. Pas du tout. Novice dans le maniement de la manette de jeu, en une nuit, il est devenu expert. Ce qui lui a servi lors de la suite du jeu où le niveau de dextérité demandé augmentait. La vie l'a enseigné.

Laissez faire la vie. Elle vous entraîne vers ce qu'il vous faut. Elle connaît les tenants et les aboutissants qui vous échappent totalement. La vie vous emmène vers la compréhension.

Qu'est-ce qui nous alarme sur la mauvaise direction prise ?

En amont, il y a forcément des signaux d'alarme. Dans l'action, il ne faut pas trop faire de sentiments et ne pas trop se poser de questions.

Ceci dit, engagé dans une mauvaise direction, les signaux peuvent se manifester sous forme d'ennui, de manque d'énergie car la magie n'est plus présente. On y croit plus et la vie ne t'aide que si tu y crois.

L'ennui n'est pas un signe, c'est un signal. Le signal incontournable qu'il faut changer. Il s'agit d'une évidence, pas d'une intuition. Attention à l'intuition. J'ai voulu vivre au plus près d'une personne qui disait avoir de l'intuition : elle se trompait 9 fois sur 10. Mais quand elle ne se trompait pas, elle le claironnait tellement fort et longtemps que, pour son entourage, c'était évident : elle avait une intuition hors-norme ! Plutôt que les arts divinatoires, je l'ai engagé à se tourner vers le métier de commercial…

Il s'agit de faire confiance à la vie dans ce grand jeu car tout est à portée de main. Comme dans un jeu électronique, si votre personnage doit affronter un char, il y aura forcément un lance-roquettes anti-char dans un coin du jeu et vous devrez le récupérer, c'est le jeu.

Si vous faites de l'escalade sur une falaise, ne paniquez pas parce que vous ne voyez pas la prochaine prise, elle existe forcément puisque vous êtes sur une voie d'escalade et qu'elle est prévue pour qu'on la grimpe !

Attention aux expériences fortes qui n'existent que pour mettre vos actes en accord avec vos paroles. Celui qui profère le *Même pas peur* ou *Même pas mal* trop souvent peu avoir du souci à se faire dans un avenir proche.

Ceci n'est pas un jugement, c'est la récolte de ce qu'une personne sème. Mais bon, pas de panique, la vie connaît les bravades inutiles des gens vivant des vies inutiles…

Mais de toutes façons, que vous y croyez ou pas, vous êtes dans le jeu de la vie. Nul besoin de croire au jeu de la vie pour y être. Il y a des aides. Dans nos choix, la vie peut nous aider. Si vous avez été vigilant, si vous avez collecté les pièces de puzzle, si vous y avez adjoint le bon sens et la présence, la vie vous guide.

Cette aide vous donnera le chemin le plus productif. L'erreur serait de ne pas faire un choix car, quel que soit le choix, il y aura un enseignement. Forcément moins consistant si vous n'avez pas suivi la bonne piste, mais présent tout de même.

Celui qui passe son temps à déclarer qu'il ne croit pas au jeu de la vie perd son temps.

Qu'est-ce qui nous conforte sur la bonne direction prise ?

La bonne direction prise n'implique pas forcément que tout se déroule sans accrocs. Une bonne expérience n'est pas forcément le fait que tout s'enclenche bien, rapidement.

Le témoin immuable d'une bonne direction est la joie. Quand j'ai appris à passer des SMS sur un téléphone portable, j'étais tout fou. Le fait d'apprendre quelque chose et de le mettre en pratique m'enthousiasme. Pourtant, ma façon de faire était loin d'être parfaite. Je n'utilisais pas le langage texto, n'abrégeais rien, n'étais pas rapide… Ceux qui ont reçu mes premiers textos devaient être morts de rire (lol) !

Mais ma satisfaction demeurait intacte malgré le résultat médiocre…

Comment peut-on être sûr de ne pas se tromper à 100 % ?

L'erreur est fondamentale dans le processus d'apprentissage. La personne qui ne fait pas d'erreurs est une personne qui tourne en rond avec ses acquis et n'avance pas dans la vie.

Une erreur n'est pas préjudiciable sauf si l'on n'en tire pas les conclusions. Alors, elle devient préjudiciable puisqu'elle est répétée et devient une faute.

Ceci dit, le plus souvent, nous ne savons pas, sur le coup, que nous avons fait une erreur. Nous l'apprenons plus tard…

Est-ce que l'enthousiasme est un critère fiable dans le choix d'une direction ? N'y a-t-il pas le risque de s'enthousiasmer pour des chimères ou de l'inutile ?

L'enthousiasme est un moteur. La direction prise n'est pas le meilleur moyen d'apprendre, c'est le mouvement qui l'est. Il n'y a aucun enthousiasme dans l'immobilisme. Une excitation intellectuelle peut être créée mais elle n'est rien, cela reste de l'immobilisme.

C’est l’expérience qui compte. Pas le résultat. La voie royale, c’est ce qui nous fait sortir de l’ignorance, pas la réussite sociale.

Est-ce qu’un manque d’énergie nous indique que nous ne suivons pas la vie ?

Pas forcément mais ça peut être ça. En fait, ce qui peut vous pomper votre énergie même si vous suivez la vie, c’est vous-même. Par le fait de trop penser, trop analyser. La prise de tête est énergétivore.

Vous pouvez aussi perdre beaucoup d’énergie si vous vivez une expérience qui n’est pas vôtre. Vous avez, par votre prétention, par exemple, appelé une expérience au-dessus de vos capacités et vous allez perdre beaucoup d'énergie dans cette expérimentation qui n'avait pas lieu d'être.

Est-ce qu'une volonté personnelle, un désir est forcément en contradiction avec ce que veut la vie ?

Pas du tout, la vie et nous, c'est la même chose. La vie aime ce que vous aimez. Si vous devez apprendre le courage et que vous aimez le surf, la vie utilisera ce moyen, entre autres, pour vous enseigner.

Bien évidemment, si vos désirs sont en contradiction avec vos engagements dans la vie, il va falloir ouvrir les yeux.

Par exemple, la moto est un symbole de liberté mais aussi d'individualisme même si la selle comporte deux places et qu'il existe des side-cars. Pour moi, et je l'ai maintes fois vérifié, elle ne s'accorde pas avec une vie de famille comportant femme et enfants. Si l'on ouvre les yeux, on s'aperçoit que l'engagement dans le choix d'une vie de famille n'est pas total. On veut garder ses petits plaisirs qui sont en contradiction avec ce que l'on a décidé de plus grand.

Que désigne-t-on par la vie ?

La vie, c'est nous. Les autres. Toute être vivant. Nous sommes tous en interaction, c'est ça la vie. Cette interaction, c'est le jeu de la vie. Il y a un enseignement dans ce jeu. Toutes ces énergies forment une grande intelligence dont nous faisons partie.

Je n'ai pas fait de NDE et je ne veux pas croire sans voir, puis-je avoir accès à la guidance de la vie ?

Nul besoin de NDE pour croire. Ce n'est pas un passage obligatoire. Nous pouvons croire à la guidance de la vie ou ne pas y croire et, dans les deux cas, la vivre. Je n'ai pas besoin de croire à l'instant pour le vivre, je constate, c'est tout.

À la préhistoire, les hommes ne croyaient pas, par exemple, à l'air et pourtant ils le respiraient. Ils n'avaient aucune information sur celui-ci. Si un avant-gardiste s'était présenté à eux, il aurait pu leur expliquer sa consistance, son utilité et ses multiples autres fonctions et utilisations.

La définition de quelque chose est inutile pour celui qui le vit. L'intellect est un glouton insatisfait qui se gave compulsivement de connaissances. Pourtant, il s'agit de calmer, de restreindre cette soif de connaissances au profit de l'expérimentation. On ne nous a jamais demandé de tout comprendre. Ça, c'est une lubie humaine. Il est faux de croire qu'il faille tout comprendre pour vivre. Et d'ailleurs, ça tombe bien, c'est impossible.

Est-ce qu'il est dérangeant de ne pas comprendre pour vivre ? Non. Celui qui déclare qu'il doit comprendre pour vivre est un menteur. Il utilise tous les jours des choses dont il ne connaît pas, ou succinctement, le fonctionnement. Ou bien il serait déjà mort après quelques minutes d'apnée car il ne connait pas dans le détail tous les éléments composant l'air que pourtant il respire.

Il n'y a donc pas besoin de comprendre pour adhérer, il suffit de vivre. On ne demande pas de croire sur parole mais de constater, d'observer, de tenter, d'oser, d'expérimenter. Le problème, c'est que le besoin d'analyse est très fort chez l'Homme.

S'il n'y a pas un ange ou un être de lumière qui me dit que nous sommes à l'école de la vie, que c'est un jeu, que nous ne sommes pas notre corps… Pourquoi croirai-je ceux qui le proclament ?

J'ai vécu une NDE et si j'en fais part, c'est que ça fait partie de ma vie. Longtemps, je n'en ai pas parlé pour ne pas être dérangé et pour ne pas déranger. J'ai donc vécu la décorporation, j'ai vu qui j'étais réellement lorsque j'ai laissé mon corps ici-bas. J'ai vu ce que nous étions tous. Il m'a été donné quelques éléments de connaissance. Je ne vais pas le nier.

Mais nous ne sommes pas venus pour croire à ça. Nous sommes venus pour faire des expériences terrestres rendues possibles grâce à ce corps merveilleux doté de ses sens.

Maintenant, vous vous posez la question : *Dois-je le croire ou ne pas le croire ?* On s'en fout. Posez-vous plutôt la question : *Qu'est-ce que représente cet auteur ou ce livre pour moi ?*

Je vais vous le dire : une pièce de puzzle. Qui s'offre à votre avancée dans la vie. Prenez cet élément et dites-vous : *Tiens, ça existe*. *Tiens, d'autres personnes en parlent*. Mais ne fondez pas tout sur la NDE, les êtres de lumière (nous sans notre corps) de l'autre côté, etc. Ceci est juste une information, un élément, ne passez pas votre temps à la médiathèque ou sur internet pour tout savoir sur ces phénomènes.

Il est dommage de collecter une pièce de puzzle pour avancer et de s'arrêter dessus. Continuez de vivre, expérimentez. Collectez les pièces de puzzle et les évidences se feront.

Au cours de notre vie, des informations, des éléments viennent à nous. Ils nous permettent d'avancer. Ne bloquez pas dessus. Avez-vous gardé votre premier biberon ? Bon, certains oui, mais c'est une maladie…

Un livre est déjà une synthèse, il est inutile de continuer à fouiller le sujet. Pendant que vous perdez votre temps, la vie continue de se dérouler. Et vous, vous êtes arrêté.

De plus, avec ce trop plein d'informations, vous allez vous créer des expériences qui vont encore vous faire perdre du temps.

S'arrêter sur un sujet, comme par exemple la NDE, me paraît fou. C'est juste une information. Elle vient à vous, vous la prenez, la consultez et passez à autre chose.

C'est un élément neutre qui ne va en aucune façon révolutionner votre vie. C'est une information, certes fabuleuse, mais si vous vous arrêtez dessus, c'est que vous vous ennuyez ferme dans votre vie…

Une personne a fait le travail : il a synthétisé un sujet dans un livre, profitez-en, un point c'est tout. Ce qui vous est apporté est bon pour vous. N'allez pas chercher, fouiller, c'est un caprice, une erreur.

Si un sujet vous interpelle, une source d'informations suffit, n'allez pas, compulsivement, éplucher tout ce qui a été fait sur le sujet, vous perdez votre temps. Bon, l'avantage que vous avez avec moi, c'est que je suis le seul à vous parler comme je le fais de ce sujet. Oui, parce que le passage obligé est d'être vigilant quotidiennement…

Alors, allez chercher pour le travail mais pas pour les détails. Sinon, c'est que vous n'avez pas compris la fluidité de la vie. Des éléments nous sont donnés les uns après les autres. Un élément nous sert à avancer pas à stagner, engranger et réfléchir.

Qu'est-ce qui me prouve que la guidance de la vie est supérieure à mes choix personnels ?

C'est l'expérience qui le montre. Pas les croyances. Quel est votre critère de vie supérieure ? La réussite sociale, la tranquillité ou votre évolution au sein de l'école de la vie ?

Selon ce qui nous arrive, nous prétendons que c'est bien fait ou mal fait. Nous oublions que la vie est parfaite.

Nous sommes venus pour quelque chose. Il y a questionnement car, à l'incarnation, nous avons tout oublié. C'est le jeu. Incarnés dans ce corps, sur cette terre, les souvenirs ont été effacés. Sinon, il n'y aurait pas de jeu possible.

Dans le jeu, sur terre, notre route croise des personnes, des livres… Et notre vie change. Cela nécessite une ouverture au-delà de l'aspiration à une petite vie tranquille. C'est un élément, une aide. Tu prends ou tu ne prends pas.

Si je suis la vie et je m'aperçois que ça va à l'encontre de mon confort personnel, mes plans ? Puis-je au moins garder le minimum de confort personnel et de plans ?

On se trompe entre les plaisirs et ce que l'on sème et qui va créer quelque chose. Vous voulez vous faire plaisir. La vie ne va pas contre. C'est nous qui décidons que la vie va à l'opposé de nos plaisirs.

La vie va à l'encontre des habitudes qui s'installent. Elle va à l'encontre du mauvais sens.

Imaginons que vous teniez absolument à faire du tennis régulièrement. Vous déterminez que ce sera tous les mardis. La vie n'est pas contre le fait que vous vouliez jouer au tennis. Elle vous montrera juste que le mardi à cette heure-ci, vous seriez mieux ailleurs où vous pourriez faire des rencontres professionnelles intéressantes. La vie vous dit : « Vas-y plutôt un autre jour. Pas forcément toujours à cette heure, change » !

La vie ne va pas interdire, elle va donner des ordres de priorité. Nous aurons des questions existentielles qui vont s'opposer les unes aux autres, la vie, elle, ne s'oppose pas.

Qu'est-ce qui me prouve que c'est bien la vie qui me parle ?

Les circonstances de l'instant. Le moment. Au moment où vous partez jouer au tennis, comme tous les mardis, un ami vous appelle : il a besoin d'un coup de main dans l'instant. Vous êtes contrarié. Vous lui répondez : « Non, pas maintenant, plus tard ». Vous pensez : « Qui est-il pour bousculer ma programmation » ? Il est la vie. La vie qui vient de vous adresser un message. Vous avez refusé de l'entendre. Échec et mat.

Des fois, il peut arriver qu'une cheville ou un genou explose pour immobiliser quelqu'un qui ne veut pas écouter. Arrêté net, il pourra prendre conscience qu'il n'est pas à sa place et que la vie l'attend ailleurs, là où elle lui a donné le rendez-vous qu'il a eu l'indélicatesse de décliner.

La vie propose une prise de conscience afin qu'il y ait semailles puis récolte.

Si la vie vous montre des signes directs vous interdisant la pratique du tennis, c'est qu'elle a une vue globale sur les évènements que vous n'avez pas. Effectivement, dans quelques jours, vous auriez fait un malaise cardiaque. Comment auriez-vous pu le savoir ? Vous cédez quand même à votre plaisir et vous vous retrouvez hémiplégique. À qui la faute ?

Qu’est-ce que je gagne à suivre la vie ?

Je gagne l’enseignement pour lequel je me suis incarné sur cette terre. Je gagne donc ce que je suis venu chercher. Je vais être dans le courant de la vie au lieu de passer ma vie à lutter.

Exemple : je dois apprendre à vivre avec peu de moyens. Si je suis la vie, celle-ci va me déposséder mais, paradoxalement, je ne manquerai de rien. Je vais développer des trésors d’ingéniosité pour vivre avec peu de moyens, je vais fréquenter des endroits (les hard-discount…) où je rencontrerai des gens que je n’aurai jamais fréquentés autrement, etc.

Il y a ouverture par l’expérimentation, je suis enseigné.

Quand la leçon sera apprise et que, de nouveau, j'aurai beaucoup plus de moyens financiers, je saurai vivre avec très peu…

Presque tout le monde cherche un sens à sa vie. Le sens est là, sous nos yeux. On nous dit « Le royaume de Dieu est ici » alors pourquoi chercher ailleurs ? Nous devons juste vivre ce qui nous est présenté là où nous sommes. L'argent ne peut combler ceci.

Les conséquences de nos actions sont plus graves si nous ne suivons pas la vie. Pourquoi ? Parce que, d'entrée nous avons compliqué les choses. Nous avons miné le terrain d'expérimentation. Nous pouvions avoir la même expérience avec moins de douleur et de traumatismes.

Veut-on jouer et apprendre au travers de tout ce que l'on fait ou bien regarde-t-on du côté d'une vie plate et programmée que l'on pense tranquille ?

La vie est un *travail* de chaque instant. Elle est comme un film, découpée en séquences. Il y a la séquence *je passe à table*, la séquence *je pars au travail*, etc. Nous vivons la vie séquence après séquence.

Je dois recevoir une amie pour une semaine. Elle m'a téléphoné 15 jours avant et nous avons convenu des dates.

Quelques jours avant la date de son arrivée, ma femme loue un film. Quand je lis le résumé, je m'aperçois que le réalisateur porte le même nom que l'amie qui doit me rendre visite.

Je suis dans une période où j'ai une décision à prendre. C'est un film avec Paul Newman (nouvel homme). Que doit-on en penser ?

Je ne sais pas, quel est le titre du film ?

« Le verdict ».

Ah, c'est que cela va annoncer quelque chose. Peut-être que votre amie ne viendra pas… pour vous laisser le temps pour prendre une décision. Ou peut-être va-t-elle vous téléphoner pour vous annoncer quelque chose de capital…

Vous voyez le problème des spéculations hasardeuses. On peut faire dire aux évènements, tout et son contraire. Il n'y a qu'une chose à faire : voir et laissez-faire. Ou bien, si vous voulez mener une action, dans ce cas, il n'y en a qu'une : téléphoner à cette amie pour aller aux nouvelles. Et s'apercevoir que, peut-être, elle ne vient pas. Au moins, vous en êtes sûr, ce n'est pas une spéculation, c'est réel.

Je ne développerai pas ça ici, mais sachez qu'il y a quelque chose de beaucoup plus grand qui nous guide.

Il faut faire attention au fil conducteur. Ne rien dissocier. La vie, comme on l'a vu, est partagée en séquences. Mais, comme un film, il ne faut pas oublier que ces séquences sont liées.

Il y a une intelligence directrice qui assure la cohérence de toutes les séquences. Jouer une séquence en oubliant complètement les précédentes donne une vie hachée où tout est dissocié et donc, où l'intelligence ne peut circuler.

Comment puis-je faire la différence entre les signes à collecter sans analyser et les signes à réponse immédiate ?

Les signes à réponse immédiate ou signes directs sont des avertissements directs, des interdictions. Le signe direct est un « *Non !* » précédé de plusieurs autres « *Non* ». Il n'y a pas d'intellectualisation possible.

Les signes directs ne sont pas des conseils, ce sont des interdictions. Vous devez vous rendre à un endroit, votre voiture ne démarre pas. Elle est pourtant récente et en excellent état. Ce n'est pas forcément que vous ne devez jamais vous rendre à cet endroit, mais, en tout cas, à ce moment précis, la vie vous notifie une interdiction. Et si vous aviez rendez-vous, l'excuse est réelle : votre voiture ne démarre pas. Vous téléphonez et vous reportez.

Vous décidez de vous y rendre quand même dans l'instant. Vous courez alors à la catastrophe. Peut-être, à l'endroit en question, il ne vous arrivera rien ce jour là. Mais vous avez semé quelque chose de terrible, en tout cas fortement préjudiciable que vous récolterez dans 6 mois ! À ce moment là, vous pesterez contre la vie. Vous aurez bien sûr complètement oublié l'épisode de la voiture qui n'a pas démarré…

La conséquence de notre obstination peut être aussi le fait de ne pas être au bon endroit. La voiture ne démarre pas et vous partez quand même par un autre moyen. Vous allez vous retrouver dans un endroit où vous n'avez rien à faire. Vous n'allez rien apprendre. La vie avait prévu une grande leçon pour vous ou quelque chose à gagner à un autre endroit. Vous l'avez manqué.

Les signes à collecter c'est permanent, quotidiennement, tout le temps. Vous n'en verrez pas la finalité dans l'instant.

Les signes directs, eux, sont là car il y a une raison à courte échéance.

Ceci dit, une personne habituée depuis des années à être vigilante est habituée à la collecte et à la réalisation autonome des puzzles.

Si bien que, lorsqu'elle collecte aujourd'hui une pièce de puzzle, elle a, en référence, tous les puzzles précédemment assemblés. Cette personne a donc déjà une idée de la tournure que vont prendre les évènements.

Est-ce que la tendance journalière est faite de signes à collecter sans analyser ou de signes à réponse immédiate ?

La tendance journalière est faite de signes à collecter sans analyser. Mais au-delà de la collecte de signes, il faut absolument vivre les expériences qui passent à notre portée. Il faut jouer les scénarios que nous voulons jouer. Au final, vous vous apercevrez qu'il y a très peu de signes directs.

Vous pouvez donner des proportions ?

Alors, approximativement, il n'y a que 3 % de signes directs. Le reste est divisé en deux parties à peu près égales entre, d'une part, le fait d'expérimenter ce qui doit l'être dans la vie de tous les jours et, d'autre part, les signes à collecter sans analyser (les pièces de puzzle).

Forcément, nous focalisons sur les signes directs car ceux-ci sont les plus frappants donc les plus visibles mais très peu nombreux en définitive.

Ne confondons pas ces signes directs avec, par exemple, un coup de klaxon dans les oreilles (qui nous fait sursauter) qui est juste là pour nous réveiller, nous sortir de nos pensées, de notre léthargie.

Il y a autre chose ?

Oui. Mais cela demande des explications précises, confirmation de compréhension, démonstration. Choses que je ne peux faire qu'en séminaire. Sinon, le risque est trop grand que vous vous embrouilliez.

Je désire acheter une twingo et, bizarrement, je remarque que, dès lors, le monde se peuple de twingos, est-ce normal docteur ?

Voilà l'exemple type de la focalisation sur un élément. Nous pouvons vraiment avoir un regard sélectif quand nous voulons…

Est-ce que le fait de ne plus s'amuser est le signe incontournable que je ne suis plus la vie ?

Oui. Il peut y avoir une émotion comme la tristesse mais elle fait partie du jeu. On peut l'accepter et la jouer. Paradoxalement, il y a amusement. Ce n'est pas joyeux, c'est tout.

Jouer, s'amuser, ce n'est pas forcément faire le clown. C'est vivre consciemment chaque séquence de notre vie. Ça peut même ne pas être content de faire quelque chose. Tout doit être vu comme un jeu.

Doit-on avouer son incapacité à suivre la vie ?

Il faut faire, c'est tout. Il faut vivre, expérimenter, tenter, oser. Il n'y a rien à avouer ou ne pas avouer. La vie, elle, continue de se dérouler.

Une jeune femme de mon entourage se posait la question : « Qu'est-ce que la vie veut de moi » ? Vous vous doutez bien qu'elle déprimait pour se poser cette question. Généralement, quand tout va bien, on se soucie bien peu de ce que la vie veut de nous.

Dans son cas, rien de plus simple : comme elle fait tout au dernier moment et, le plus souvent, en retard, elle doit faire les choses quand elles doivent être faites. Elle doit faire les choses dans l'instant si ce dernier le réclame.

D'ailleurs, lors de mon entretien avec elle, le fils d'un ami m'appelle pour me demander un service. Il souhaite que je l'aide à rédiger sa lettre de motivation en vue de l'obtention d'un emploi. Je lui demande la date à laquelle il doit la remettre. Dans une heure !

Bon, je me dis qu'il a dû être mis au courant il y a cinq minutes. En fait, non, il est au courant depuis un mois ! Et il s'y prend au dernier moment.

Je transmets donc le message en direct à mon amie. Du même coup, elle entend ce que je réponds au jeune chercheur d'emploi laxiste : cette fois ci, ça passe, je l'aide mais je n'adhère pas et, à l'avenir, il assumera les conséquences de ses actes.

Plus tard, mon amie me signifie *qu'elle est comme ça, que ce n'est pas à son âge qu'elle va changer*. Voilà la réflexion type qui ne passera pas toujours. Elle refuse le jeu. Elle refuse de faire ce qu'elle doit faire dans sa vie, c'est un échec.

Si elle le faisait (et c'est très simple), elle découvrirait tellement de bonheur…

En pleine guerre, le soldat-infirmier dans le feu de l'action n'a pas à avouer ou non son incapacité, il doit faire, c'est tout. La guerre continue. Le soldat est obligé de la vivre puisqu'il y est.

La vie est ponctuée d'épreuves à passer. Pas d'épreuves dans le sens douloureux du terme. Comprenez plutôt dans le sens d'examens via les expériences que la vie propose.

Je désire vivre en suivant la vie, mon conjoint non. La vie commune est-elle possible ?

Que l'un dise oui à la guidance de la vie et l'autre non n'empêche pas la vie de se dérouler. Dire non à la guidance de la vie est une bravade. La vie continue.

Les deux personnes qui forment le couple sont dans le même train. L'une a conscience que le train avance, l'autre a juste conscience d'avancer quand elle marche dans le wagon.

L'une voit, l'autre non. L'une peut voir les incohérences de l'autre et décider de continuer de vivre avec cette personne ou pas. Vous vous demandez si vous devez aider votre conjoint. J'ai déjà détaillé ces questions dans *Le couple : 1 + 1 = Dieu.*

Je veux suivre la vie mais je n'y arrive pas. Trop de choses m'échappent. Je me lasse, je me déprécie. Y a-t-il un remède ?

Une amie emmène son fils et sa fille aux cours de natation deux fois par semaine. Elle aide ses deux enfants à se changer dans le vestiaire des filles. Au bout de quelques semaines, le prof apostrophe la mère en lui demandant expressément à ce que le jeune garçon se change dans le vestiaire garçons. Elle le prend mal mais s'exécute. La vie vient de lui montrer ce qu'elle aurait dû faire depuis le début.

Comment peut-on priver d'autonomie un garçon de 8 ans ?

Vous voyez, si vous observez bien, la vie est pleine d'acteurs qui favorisent notre enseignement.

Nous devons faire. Vivre, expérimenter, oser. Nous nous lassons si nous ne faisons pas comme il faut. Nous ne sommes pas neutres. Il vous faut rester neutre. Ma collecte de signes demeure neutre. Je n'intellectualise pas le fruit de ma collecte sinon il s'ensuivra une fatigue intellectuelle.

Toutes les raisons sont bonnes pour se prendre la tête. Je vois un signe, je l'interprète, je ne vois rien, j'interprète. Grosse fatigue, déprime.

Les gens veulent du temps, du repos, un break, un psy. Analyser c'est du temps et de l'énergie perdus. Dans une situation, soit nous tournons en rond intellectuellement, soit nous y allons.

Une personne de ma connaissance souhaitait changer de poste au sein de son travail. Dans l'absolu, le passage à l'action est immédiat. Je rédige une lettre de motivation, un rappel de mon CV, je vais voir la secrétaire, obtient de rencontrer mon patron et lui expose mes desiderata.

Lui, n'a pas fait ça. Il a tourné en rond avec son idée pendant des mois, s'est inquiété, a pourri la vie de sa femme, de ses enfants et de ses collègues avec ses inquiétudes et ses innombrables scénarios catastrophe… Voyez-vous la folie ?

C'est dommage car, dès que vous avez un projet, observez-le vous-même, la vie se met en quatre pour vous faciliter son exécution. La vie vous apporte le ciment et vous le prépare pour réaliser votre projet. Attendez trop et le ciment durcit.

Quand est-ce que je sais que je suis autonome dans le fait de suivre la vie, que j'ai passé un cap (Ferret) ?

Il n'y a pas d'autonomie à rechercher. Tout le monde est autonome. Nous sommes capables de tout.

Une personne privée de ses sens, par exemple, n'est pas autonome, elle est dépendante. Elle est venue expérimenter ceci sur terre. L'aveugle apprécie d'entendre. Nous parlons là de handicap. Si ce n'est pas votre cas, vous êtes autonome.

Il n'y a pas besoin de comprendre l'instant pour le vivre. Celui qui vit, qui fait, qui expérimente, qui ose est maître, depuis le début.

Peut-on s'autoproclamer vigilant alors que la réalité nous prouve le contraire ?

Tout le monde est vigilant. Il ne faut pas prétendre, il faut être. Il faut faire.

Ne vous mettez pas la pression, dites-vous seulement que vous êtes dans un jeu et que vous êtes un être humain.

Et n'oubliez pas de bannir la comparaison. Nous n'avons pas tous les mêmes choses à accomplir, nous n'avons pas tous les mêmes expériences à faire ici-bas…

Pour tout renseignement quant aux activités de l'auteur (séminaires...) :

www.homme-vrai.com

Tel : +33 (0)6 85 97 01 23

Cet ouvrage a été achevé d'imprimer en avril 2010
dans les ateliers de Normandie Roto Impression s.a.s.
61250 Lonrai (Orne)
N° d'impression : 10-1103
Dépôt légal : avril 2010

Imprimé en France